Edeltraud Weber-Lorkowski

Schals, Tücher und Pareos

30 neue Techniken zum Wickeln, Binden und Knoten

FALKEN

Inhalt

Richtig gewickelt:

Material, Pflegetipps, Grundfaltungen

Tücher und Schals gibt es in den unterschiedlichsten Materialien. Zum Binden geeignet sind Viskose, Polyester, Acetat, Popeline, Batist oder feine Baumwolle. Am besten binden lässt sich mit Seide. Auch Seide ist natürlich nicht gleich Seide. Man unterscheidet:

◆ Glattseide in Pongé 05, 06, 08 und stärker. Die Pongé-Zahl bezeichnet das Gewicht der Seide: Pongé 05 = 20–22 g auf 1 m Stoff bei ca. 90 cm Stoffbreite

◆ Crêpe de Chine: schwerere Seide mit mattem Glanz

◆ Crêpe Satin: sehr starke Seide mit glänzender Oberfläche und matter Unterseite

◆ Twill: dichtes und entsprechend schweres, sehr weiches Gewebe

◆ Seidenchiffon: feines schleierartiges Gewebe, rutschfest

◆ Crêpe Georgette, transparentes, etwas festeres Gewebe

◆ Seiden-Jersey: elastisch-geschmeidiger Stoff

Die aufgeführten Seidenstoffe sind pflegeleicht. Sie können mit einem Feinwaschmittel von Hand oder auch im Schonwaschgang der Waschmaschine gewaschen werden. Um Seidenstoffe schön glatt zu bekommen, sollte man sie noch feucht bügeln, von der linken Seite und bei mittlerer Temperatureinstellung. Mühe und Arbeit spart, wer Tücher und Schals nicht in der Schublade aufbewahrt, wo sie Legefalten bekommen, sondern sie im Kleiderschrank

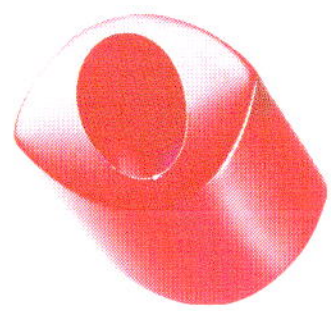

lose über einen Bügel hängt. Ich binde gern mit Seide Pongé 05 und 06, mit Chiffon oder feiner Viskose. Diese Materialien tragen nicht auf und lassen sich deshalb für die meisten Bindetechniken sehr gut verwenden. Nicht nur die Materialstärke ist entscheidend für die Bindequalität, auch die Griffigkeit und der Stofffall spielen dabei eine Rolle. Seidenchiffon oder Crinkle Seide, ein beliebtes Material für Schals, lassen sich beispielsweise gut raffen, eignen sich aber wenig für eine Plisseefaltung. Glattseide kann man dagegen gut plissieren und zum Band einrollen oder einfalten.

Beim Falten und Drapieren sollten Sie insbesondere Tücher immer akkurat legen. Ein quadratisches Tuch wird für die meisten Bindetechniken zunächst zum Dreieck gefaltet, dabei liegt die obere Hälfte etwas kleiner als die untere. Die zweite Grundfaltung ist das Einrollen oder Einfalten zum Band. Rollen oder falten Sie – wenn nicht anders angegeben – immer von der Spitze aus möglichst gleichmäßig. Das Band sollte nicht breiter als 5–6 cm sein. Nicht mit jeder Tuchgröße lässt sich jede Bindetechnik nachvollziehen. Sie finden daher ideale Tuch- und Schalgrößen zur jeweiligen Bindetechnik immer gesondert angegeben. Wichtig auch: Die Bindetechnik sollte in der Proportion zu Ihnen passen, zu Ihrer Körpergröße und Figur. Überlegen Sie sich bereits beim Kauf: Stimmt die Größe von Tuch oder Schal? Kann das Material gut gebunden werden? Passen die Farben zu mir und meiner Garderobe?

Es eignet sich auch nicht jedes Muster für jede Bindetechnik. Wird ein Tuch wie oben beschrieben zum Dreieck gefaltet und zum Band eingerollt, verschwinden großflächige Muster gänzlich, es wirken nur die Farben. In meinen Kursen werden häufig Bindetechniken nachgefragt, bei denen man viel

Tuch sieht, sodass schöne Dessins zur Geltung kommen. Im ersten Kapitel dieses Buches finden Sie deshalb Bindetechniken zusammengetragen, die Muster zeigen. Je nachdem, wozu Sie die Tücher oder Schals kombinieren wollen, kann eine halsnahe oder eine halsferne Bindetechnik besser wirken. Was zu welcher Ausschnittform passt, ist natürlich letzten Endes Geschmackssache – deshalb sind die diesbezüglichen Empfehlungen zu jeder Bindetechnik wirklich nur als Empfehlungen zu verstehen. Kennen Sie das: Sie haben die tollste Bindetechnik perfekt gebunden und Minuten später ist die kunstvolle Drapierung verrutscht und die Wirkung passé. Da hilft nur eins: Sie müssen Schal oder Tuch wo nötig so fixieren, dass nichts verrutschen kann. Unsichtbar befestigen kann man mit Sicherheitsnadeln, sichtbare Zierde und Mittel zum Befestigen zugleich sind schöne Broschen. Allerdings: Broschennadeln sind oft dick und hinterlasen bei feinen Materialien kleine Löcher. Achten Sie deshalb unbedingt darauf, dass Sie nicht durch das Tuch stechen. Umstechen Sie stattdessen Tuch oder Schal und stechen Sie die Nadel nur durch das Kleidungsstück bzw. den Untergrund, auf dem Sie das Tuch befestigen wollen.
Eine Vielzahl von modischen Accessoires schmückt die Bindetechniken und erleichtert außerdem das Binden. Schalringe gibt es in allen Formen und Farben und aus den verschiedensten Materialien: z.B. aus Metall, Kunststoff, Glas, Holz oder Stein. Wie Sie Accessoires im wahrsten Sinn des Wortes einbinden können, zeigt Ihnen dieses Buch. Und: viele neue Bindetechniken von Kopf bis Fuß. Beim Ausprobieren wünsche ich Ihnen viel Spaß und gutes Gelingen!

Edeltraud Weber-Lorkowski

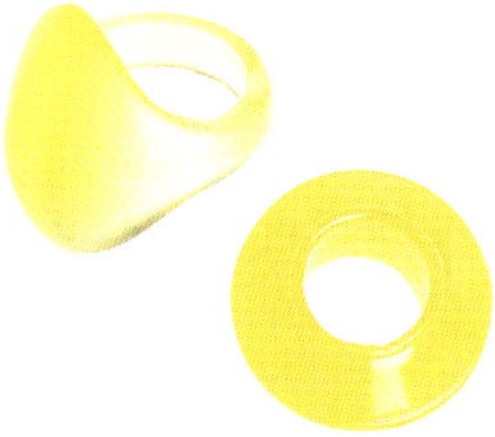

Butterfly

- für alle Materialien
- ideale Tuchgröße:
90 x 90 cm
- gut geeignet für Rundausschnitte, über Steh- oder Rollkragen

1
Das Tuch zum Rechteck falten. An diagonal gegenüber liegenden Ecken fassen, sodass zwei versetzte Dreiecke entstehen.

2
Die Tuchenden vorn halsfern doppelt verknoten. Dabei darauf achten, dass die Knoten senkrecht gezogen werden und die Zipfel übereinander liegen.

Tuchkreuz

◆ für alle feinen Materialien
◆ ideale Tuchgrößen: 75 x 75, 90 x 90, 110 x 110 cm
◆ Accessoire: Brosche, großer Anhänger oder Schalring
◆ gut geeignet für alle Rund- und V-Ausschnitte, über Roll-, Steh- und Blusenkragen

1
Tuch zum Dreieck falten, von der Spitze her zum Band rollen. Um den Hals legen, die Tuchenden sind vorn gleich lang. Schalring oder Brosche in ein Tuchende einfädeln und bis auf Brusthöhe hochschieben.

2
Das andere Tuchende entgegengesetzt durch Schalring oder Brosche führen.

Harlekin

◆ für alle feinen Materialien; wichtig: beide Tücher sollten aus dem gleichen Material sein und farblich harmonieren
◆ ideale Tuchgrößen: 75 x 75 und 90 x 90 cm oder 90 x 90 und 110 x 110 cm
◆ gut geeignet für alle Rundausschnitte

1
Das größere Tuch zum Dreieck falten. Über eine Schulter drapieren, Tuchenden auf der anderen Schulter mit einem einfachen Knoten verbinden. Mit einer großen Sicherheitsnadel befestigen.

2
Das kleinere Tuch ca. 5–6 cm breit plisseeartig einfalten und auf den einfachen Knoten legen.

3
Tuchenden des größeren Tuchs über dem plissierten Tuch locker verknoten.

4
Die plissierten Tuchenden jeweils von vorn nach hinten und von hinten nach vorn bis zur Hälfte durch den Knoten schieben. Den Knoten festziehen.

5
Die Plisseeschlaufen auseinander ziehen.

Ringspiel

- für alle feinen Materialien
- ideale Schalgrößen: 45 x 140/150/160/170 cm
- Accessoires: 5–7 Schalringe
- gut geeignet für alle Ausschnitte

1
Den Schal der Länge nach zum schmalen Band raffen. 3 Schalringe bis zur Mitte durchschieben.

2
Um den Hals schlingen, die Schalenden sind vorn etwa gleich lang. In jedes Ende 2 Ringe einfädeln und mit einem einfachen Knoten verwahren.

3
Die Schalenden von oben einmal um den Schal schlingen.

Halber Schulterfächer

- für alle festeren Materialien
- ideale Tuchgrößen:
90 x 90, 110 x 110 cm
- Accessoire: große Brosche
- gut geeignet als Blickfang
über Blazer oder Mantel

1
Tuch zum Dreieck legen, von der Breitseite wie eine Ziehharmonika bis zur Hälfte einfalten.

2
Plisseefalten nach oben über die Schulter drapieren und mit einer Brosche (mit feiner Nadel) vorsichtig am Kleidungsstück befestigen.

Blume

◆ für alle Materialien
◆ ideale Tuchgrößen:
90 x 90, 110 x 110 cm
◆ Accessoire: Fingerring
◆ gut geeignet für Rundausschnitte

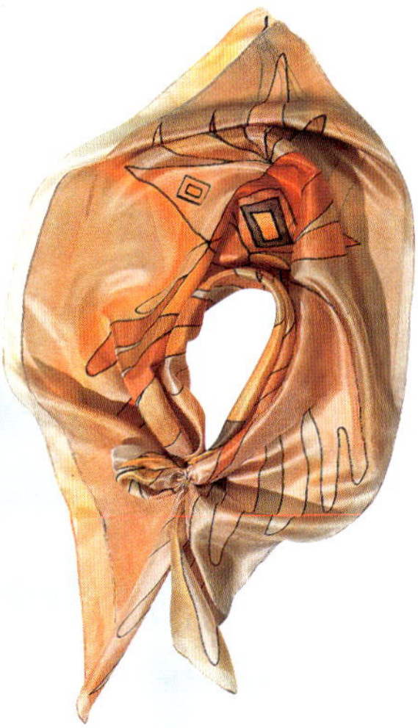

1
Tuch zum Dreieck falten. Mit der Spitze nach hinten über die Schultern legen. Tuchteile vorn am Falz auf halber Höhe fassen, 10 cm breit durch den Ring ziehen ...

2
... und auseinander klappen. Einen Zipfel nach hinten schlagen.

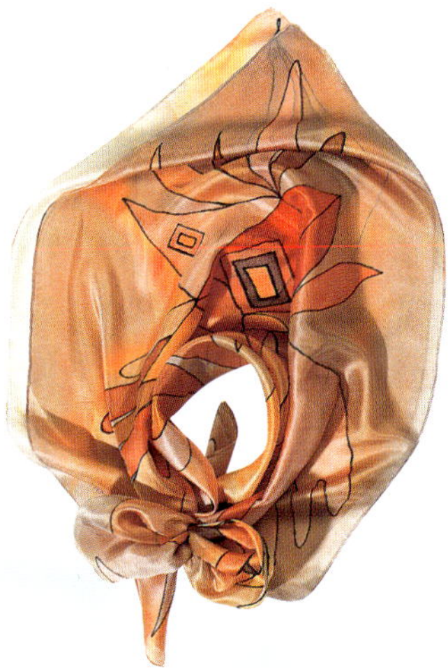

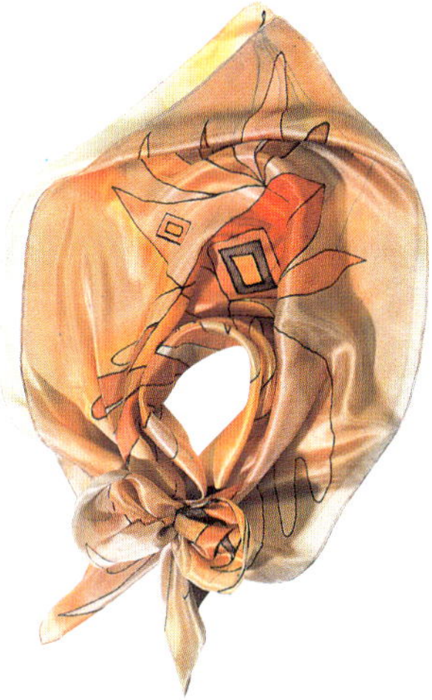

3
Beide Tuchzipfel über der Schlaufe doppelt verknoten und dekorativ drapieren.

Knotenspiel

◆ für alle Materialien
◆ ideale Tuchgrößen:
90 x 90, 110 x 110 cm
◆ Accessoire: Brosche
◆ gut geeignet für Rundausschnitte, über Roll-, Steh- und Blusenkragen

1
Das zum Dreieck gefaltete Tuch um die Schultern legen. Ein Tuchende hängt ca. 10 cm länger herunter als das andere.

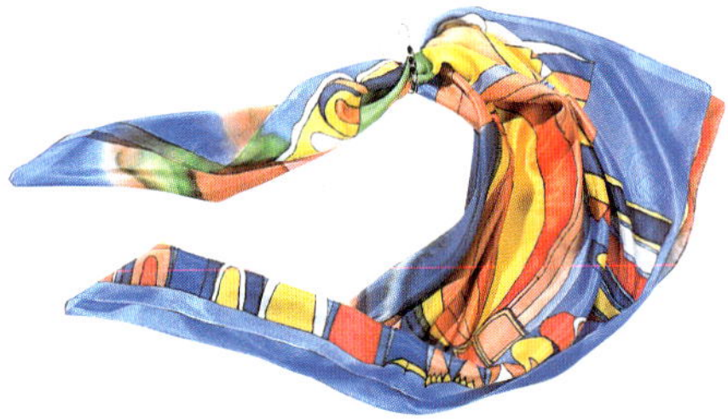

2
Das längere Ende raffen und mit einer Brosche umstechen.

In Höhe des Schlüsselbeins befestigen.

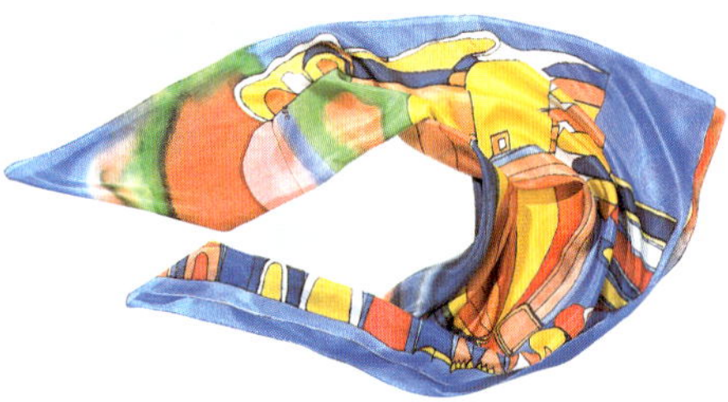

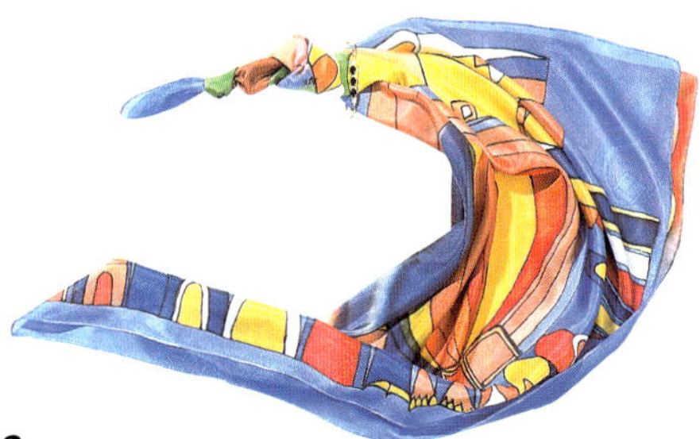

3
In das längere Tuchende 2 Knoten binden.

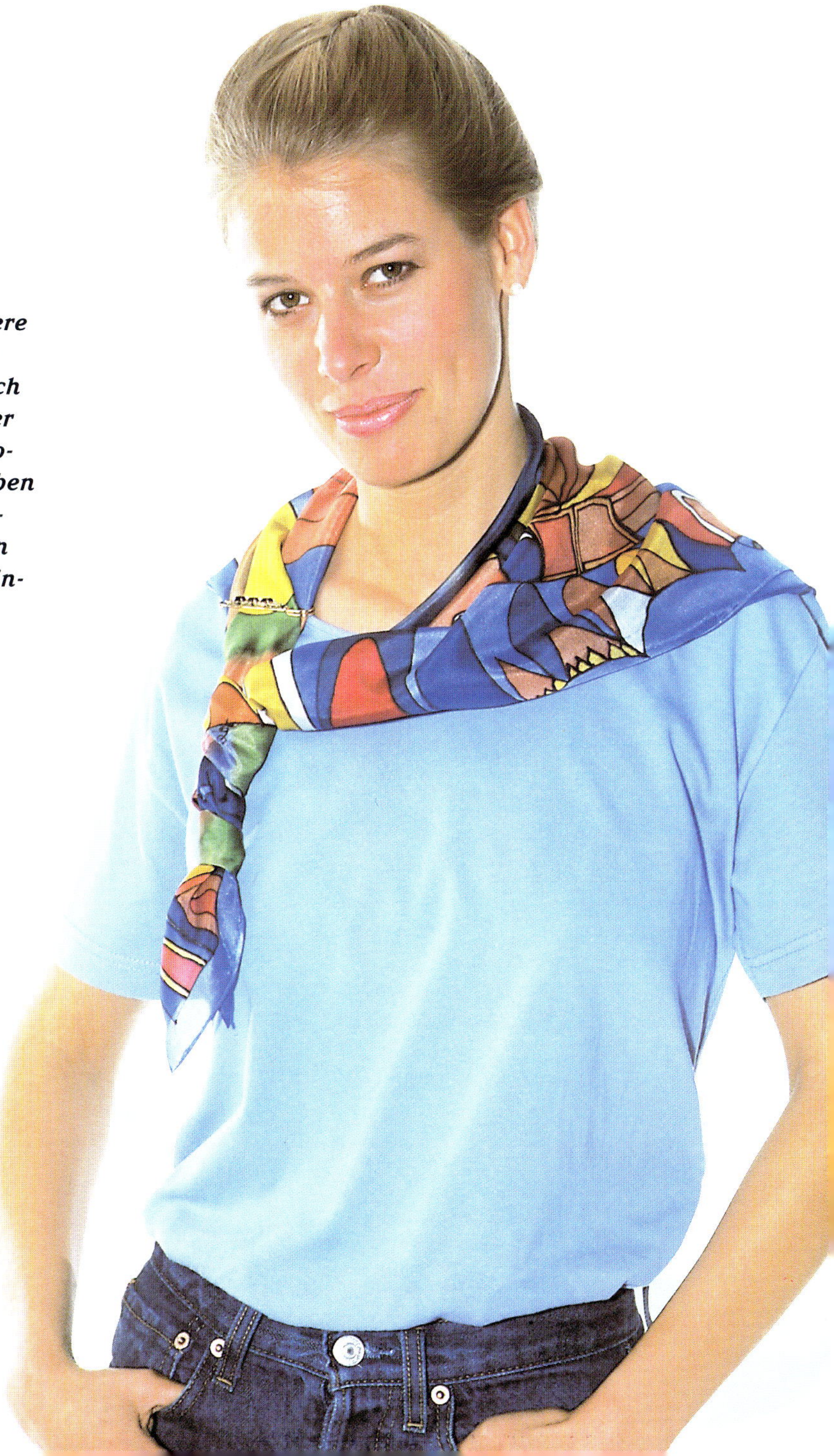

4
Das kürzere Ende von oben durch einen oder beide Knoten schieben und ebenfalls einen Knoten einbinden.

Collier

◆ für alle feinen Materialien
◆ ideale Schalgrößen:
45 x 160/170/180 cm
◆ Accessoires: 5 Schalringe
◆ gut geeignet für Rund- und
V-Ausschnitte

1
Den Schal der Länge nach raffen und einen Schalring bis zur Mitte einschieben.

2, 3, 4
Die Schalenden jeweils entgegengesetzt durch die Schalringe ziehen. Zwischen den Schalringen ca. 10 cm Abstand lassen.

5
Zum Schluss die Schalenden zusammen durch den ersten Ring fädeln und dekorativ zurechtzupfen.

Schulterzierde

◆ für alle Materialien
◆ ideale Tuchgrößen:
90 x 90, 110 x 110 cm
◆ Accessoire: Brosche
◆ gut geeignet für alle Ausschnitte, auch über Blusenkragen

1
Tuch zum Dreieck falten. Ein Ende auf ca. 12 cm Länge raffen, doppelt nehmen und einen Knoten einbinden, sodass eine kleine Schlinge entsteht.

2
Tuch über eine Schulter legen. Das freie Ende über der anderen Schulter durch die kleine Schlinge schieben. Mit einer Brosche befestigen.

Verspielte Schleife

- für alle feinen Materialien
- ideale Tuchgrößen
75 x 75, 90 x 90 cm
- gut geeignet für Rund- und
V-Ausschnitte

1
Tuch zum Dreieck falten, mit der Spitze nach vorn halsnah anlegen. Tuchenden um den Hals schlingen, im Nacken kreuzen, über dem Tuch nach vorn führen ...

2
...und direkt am Hals verknoten und eine kleine Schleife binden.

Western Style

◆ für alle Materialien
◆ ideale Tuchgrößen: 55 x 55, 61 x 61 cm (Nickitücher)
◆ gut geeignet für alle Ausschnitte, auch unter Blusenkragen

1
Nickituch zum Dreieck falten, einen einfachen Knoten in ein Ende binden.

2
Mit dem Knoten vorn um den Hals legen und das andere Tuchende von oben durch den Knoten schieben. Die Dreiecksspitze liegt schräg über der Schulter.

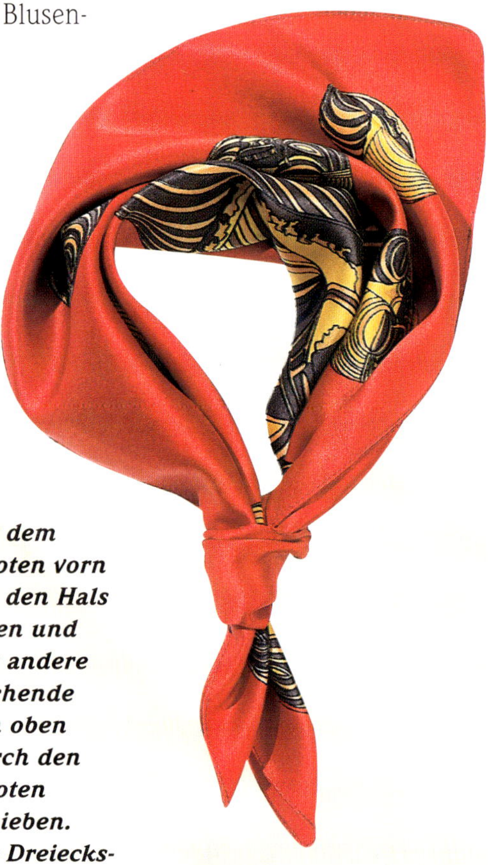

Nickidreieck

◆ für alle Materialien
◆ ideale Tuchgrößen:
45 x 45, 55 x 55 cm
(Nickitücher mit kleinem Muster)
◆ gut geeignet unter Polohemden und Blusenkragen

1
Tuch zum Dreieck falten, von der Spitze zum Band einrollen. In die Mitte des Bands einen lockeren Knoten binden. Zum Dreieck zurechtziehen.

2
Knoten vorn am Hals anlegen, die Tuchenden im Nacken verknoten.

Plisseeballone

◆ für alle feinen Materialien
◆ ideale Tuchgrößen:
75 x 75, 90 x 90 cm
◆ gut geeignet für alle Rundausschnitte

1
Tuch zum Dreieck legen, von der Längsseite her plisseeartig einfalten.

3
Rechts und links davon 1–3 weitere Knoten binden (je nach Tuchgröße).

2
In die Mitte einen lockeren Knoten binden.

4
Die Knoten leicht auseinander ziehen, sodass das Plissee zur Geltung kommt. Halsnah umlegen, Enden im Nacken verknoten.

Verdrehte Krawatte

- für alle Materialien
- ideale Schalgröße: 45 x 140 cm
- gut geeignet für V-Ausschnitte, über Blusen- und Rollkragen

1
Den Schal zum Band einfalten, die Schalenden vorn kreuzen.

2
Mit dem oben liegenden Schalende, das andere Ende nach oben 1,5-mal umschlingen.

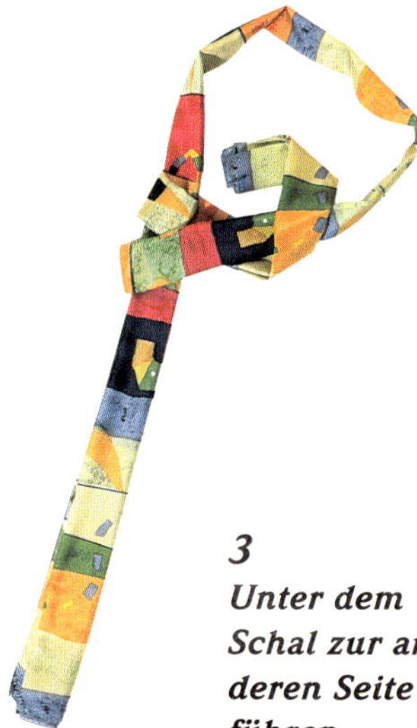

3
Unter dem Schal zur anderen Seite führen ...

4
... von oben durch die vordere Schlaufe schieben.

Lady Windsor

◆ für alle feinen Materialien
◆ ideale Schalgrößen: 45 x 140/150 cm
◆ gut geeignet für V-Ausschnitte, über Blusen- und Rollkragen

1
Schal zum schmalen Band einfalten. Ein Ende vorn ca. 15 cm länger hängen lassen. Das längere Ende halsnah 1,5-mal um das kürzere Schalende schlingen ...

2
... und von unten nach oben am Hals vorbeiführen ...

3
... nach vorn unten durch die Schal-schlaufe schieben.

4
Knoten fest-ziehen.

Falscher Koch

- für alle feinen Materialien
- ideale Schalgrößen:
45 x 160/170/180/190 cm
- gut geeignet für alle Ausschnitte

1
Schal zum Band einfalten, auf halbe Länge nehmen und um den Hals legen. Die Schalschlaufe soll ca. 10 cm kürzer sein als die beiden Schalenden.

2 + 3
Mit beiden Schalenden die Schalschlaufe 2,5-mal halsnah umschlingen ...

4
... hinter dem Schal hochführen ...

5
... nach vorn überschlagen und durch die Schlaufe schieben, festziehen.

Plisseekragen

- für alle feinen Materialien
- ideale Schalgrößen:
45 x 170/180 cm
- gut geeignet für alle Rundausschnitte

1
Schal der Länge nach plisseeartig einfalten. Um den Hals schlingen. Die Schalenden sollten vorn gleich lang, die Schlaufe halsfern sein.

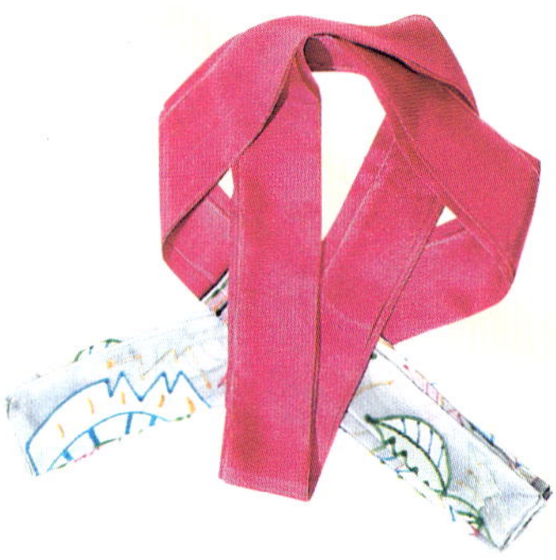

2
Schalschlaufe übereinander legen und mit einer Hand festhalten. Die Schalenden unter der Schlaufe kreuzen ...

3
... und über der Schlaufe zum einfachen Knoten binden.

4
Enden wieder hinter die Schlaufe führen und noch einmal verknoten. Plisseefalten dekorativ zurechtzupfen.

Tuchdreh

◆ für alle feinen Materialien
◆ ideale Schalgrößen:
45 x 170/180 cm
◆ gut geeignet für Rundausschnitte, über Stehkragen

1
Schal 2-mal einfalten und auf halbe Länge nehmen. Um den Hals legen, die Schalschlaufe sollte halsnah sitzen. Ein Schalende von unten nach oben ...

2
... das zweite von oben nach unten durch die Schlaufe ziehen.

3
Beide Schalenden 2- bis 4-mal umschlagen.

4
Die Schalenden trennen, ein Ende nochmals um den Schal führen.

5
Die Enden verknoten, Zipfel dekorativ zurechtzupfen.

Schalzopf

- für alle Materialien
- ideale Schalgrößen: 45 x 160/170 cm
- gut geeignet für alle Rundausschnitte, über Steh-, Roll- und Blusenkragen

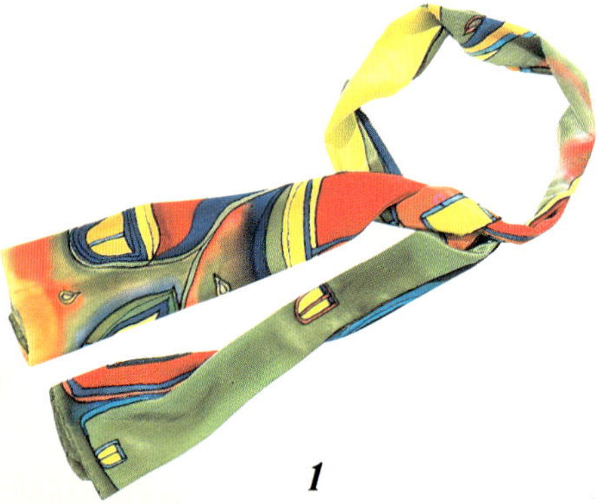

1
Schal zum schmalen Band zusammenlegen. Schalenden einfach verknoten, sodass eine Schlinge entsteht, die gut über den Kopf gestreift werden kann.

2
Zum Flechten werden drei Teile benötigt: die beiden Schalenden und die halbe Schalschlinge als dritter Strang.

4
Die losen Schalenden als Abschluss miteinander verknoten und dekorativ auseinander ziehen.

3
Die drei Teile gleichmäßig zu einem Zopf flechten.

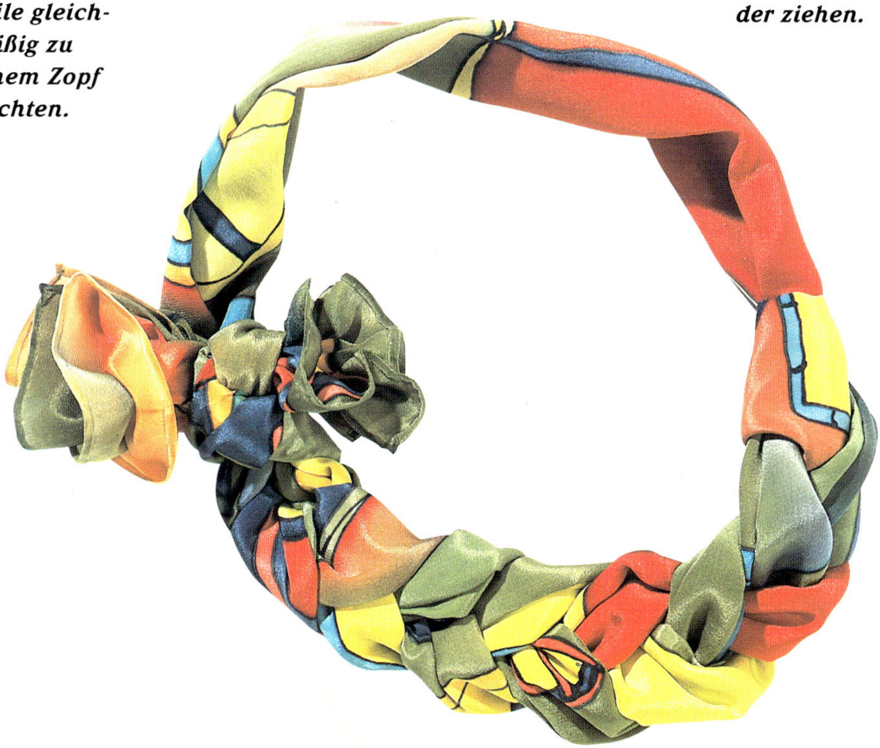

Propeller

◆ für sehr feine Materialien
◆ ideale Tuchgrößen: 45 x 45, 55 x 55 cm (Nickituch)
◆ Accessoire: kleiner Schalring
◆ gut geeignet unter Polohemden und Blusenkragen

1
Tuch zum Dreieck falten und von der Breitseite ca. 4–5 cm breit aufrollen. Etwa 10 cm vor der Tuchspitze stoppen ...

2
... und in die Mitte des Bandes einen einfachen Knoten binden. Knoten festziehen und die Dreieckspitzen aufklappen.

3
Schalring in der Mitte drapieren. Den Propeller am Kehlkopf anlegen, Tuchenden im Nacken verknoten.

Gürtelfliege

- für alle feinen Materialien
- ideale Tuchgrößen: 90 x 90, 110 x 110 cm
- Blickfang in der Taille

1

Tuch binden wie links unter „Propeller" beschrieben. Damit die Gürtelfliege größer wird, etwa 15 bis 18 cm vor der Tuchspitze stoppen und in die Mitte des Bandes einen festen Knoten binden.

Strandkleid

- für alle Materialien
- ideale Tuchgrößen:
Pareo oder Schal
90 x 180/190/200 cm,
110 x 180/190/200 cm

1
Tuch um den Rücken legen, die Tuchenden unter den Achseln nach vorn führen und 2-mal überkreuzen.

2
Die gekreuzten Tuchenden im Nacken verknoten.

Enges Top

◆ für alle feinen Materialien
◆ ideale Tuchgrößen:
90 x 90, 110 x 110 cm

1
Tuch zum Dreieck falten. Die Spitze zweiteilen und die Zipfel miteinander verknoten.

2
Über den Kopf streifen, sodass der Knoten im Nacken sitzt. Die freien Tuchenden um die Taille führen und im Rücken doppelt verknoten.

Toga

◆ für alle Materialien
◆ ideale Tuchgrößen:
Pareo oder Schal
90 x 180/190/200 cm,
110 x 180/190/200 cm

2
Beide Enden auf der rechten Schulter doppelt verknoten.

1
Pareo oberhalb der Brust anlegen. Ein Tuchende um den Rücken führen, unter der rechten Achsel nach vorn straff ziehen. Das zweite Ende unter der rechten Achsel nach hinten hoch halten.

Lockeres Top

- für alle feinen Materialien
- ideale Tuchgrößen:
90 x 90, 110 x 110 cm

1
Das Tuch in der Mitte fassen und einen kleinen Knoten binden.

Das Tuch wenden, sodass der Knoten zum Körper zeigt. Zwei benachbarte Tuchecken fassen und im Nacken doppelt verknoten.

2
Die losen Enden je zur Kordel drehen, um die Taille führen und im Rücken doppelt verknoten.

Cabrio

- für alle feinen Materialien
- ideale Tuchgrößen:

90 x 90, 110 x 110 cm

1
Tuch zum Dreieck falten, Breitseite nach vorn über den Kopf legen. Die Tuchenden unterm Kinn kreuzen, nach hinten führen und über der Tuchspitze im Nacken doppelt verknoten.

Haarband

- für alle feinen Materialien
- ideale Tuchgrößen:

2 Tücher jeweils 65 x 65,
75 x 74 oder 90 x 90 cm

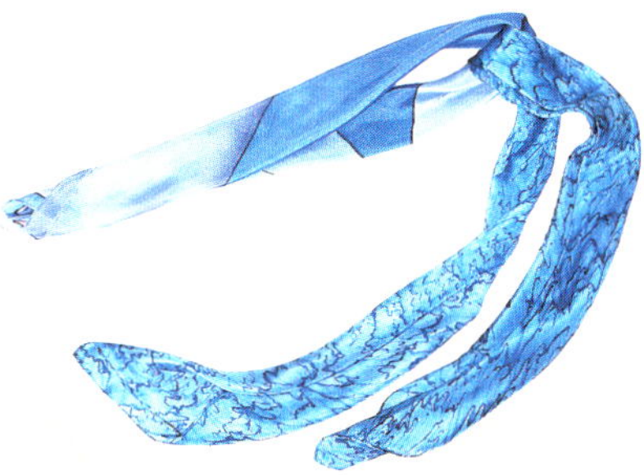

1
Beide Tücher zum Dreieck falten und zum Band einrollen. Tücher zur Hälfte über Kreuz legen.

2
Die ineinander geschlungenen Tücher über der Stirn anlegen und im Nacken verknoten.

Folklore

◆ für alle feinen Materialien
◆ ideale Tuchgrößen:
2 Tücher: 110 x 110 und 90 x 90 cm
◆ Accessoire: Brosche
◆ Blickfang über weiten Röcken

1
Das größere Tuch zum Dreieck falten und um die Hüfte schlingen. Doppelt verknoten, sodass eine Tuchspitze deutlich länger herunter hängt.

2
Das kleinere Tuch zum Dreieck falten und zu einem ca. 5 cm breiten Band rollen. Band durch den Knoten führen.

3
Die drei etwa gleich langen Enden zum Zopf flechten und verknoten.

4
Den Zopf zur Hüfte nehmen und dort mit einer Brosche befestigen.

Pussycat

◆ für alle feinen Materialien
◆ ideale Tuchgröße:
28 x 28 cm
◆ Accessoire: Brosche
◆ Blickfang am Revers

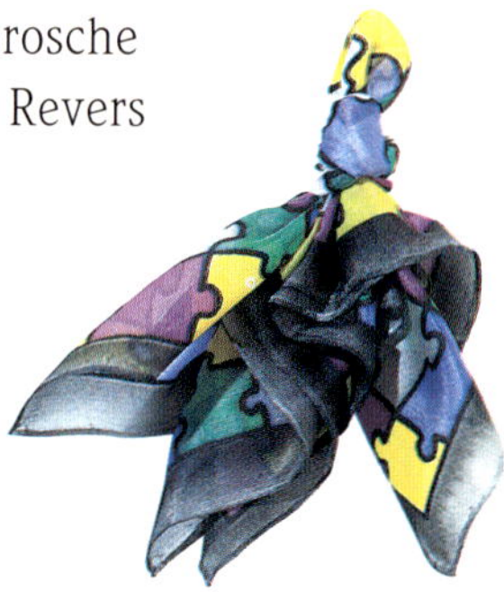

1
Tuch in der Mitte fassen und einen kleinen Knoten binden. Mit einer Brosche unterhalb des Knotens am Revers feststecken.

Krone

◆ Tuchgröße und Materialien wie oben

1
Tuch zum Dreieck falten. Die äußeren Tuchspitzen von links nach rechts und von rechts nach links einschlagen.

2
Die so entstandene Spitze nach oben falten. Krone in die Brusttasche stecken oder mit einer Brosche am Revers befestigen.

Bezugsadressen

Der Verlag bedankt sich ganz herzlich bei allen, die für die Fotografie Tücher zur Verfügung gestellt haben.

Monica Baasner
Seidentücher und -schals
Mitterfeldstr. 13
82216 Germerswang
S. 32/33

Shahida B. Banach
Seiden-Unikate
Jettenhartstr. 44
72622 Nürtingen
S. 7, 19, 28/29, 30/31, 36, 37, 40, 44/45 (gemustertes großes Tuch)

Ingrid Rees
Aquarell-, Öl- u. Seidenmalerei
Freiligrathstr. 9
73033 Göppingen
S. 12/13, 14/15, 18, 22/23, 34/35, 42, 43, Titelbild Mitte und rechts

Seidenfädchen
Seidenprodukte, Accessoires, Werbemittel
Hollenbergstr. 9-11
47137 Duisburg
S. 20, 24/25, 26/27, 43 (blau meliertes Tuch), Titelbild links

Studio für Farb-Typberatung
Seidentücher
Edeltraud Weber-Lorkowski
Gartenstr. 45
73033 Göppingen
S. 8/9, 10, 16/17, 38, 39, 41, 44/45 (unifarbenes Tuch), 46 (2x)

Zum gleichen Themenbereich sind im FALKEN Verlag u.a. erschienen:
„Krawatten und Fliegen perfekt binden“ (1519)
„Farbberatung Seidenmalerei. Tücher, Schals, Krawatten“ (4841)
„Krawatten, Fliegen, Tücher, Schals“ (60493)

Sie finden uns im Internet: **www.falken.de**

Dieses Buch wurde auf chlorfrei gebleichtem und säurefreiem Papier gedruckt.

Der Text dieses Buches entspricht den Regeln der neuen deutschen Rechtschreibung.

ISBN 3 8068 2175 5

Umschlaggestaltung: Elisabeth Berthauer
Titelbild: Axel Weber, Wiesbaden
Foto Umschlagrückseite: Susa Kleeberg und Friedemann Rink, Naurod
Fotos: Susa Kleeberg und Friedemann Rink, Naurod
Redaktion: Regine Gamm
Herstellung: Petra Zimmer

Satz: FALKEN Verlag, Niedernhausen/Ts.
Druck: Sebald Sachsendruck, Plauen

817 2635 4453 62